UNIVERSITÉ DE FRANCE.

ACADÉMIE DE STRASBOURG.

ACTE PUBLIC
POUR LA LICENCE,

PRÉSENTÉ

A LA FACULTÉ DE DROIT DE STRASBOURG,

ET SOUTENU PUBLIQUEMENT

Le Samedi, 17 Janvier 1846, à midi,

PAR

HENRI-FELIX-ADRIEN GÉRARD,

DE PARIS (SEINE).

STRASBOURG,
IMPRIMERIE DE V.ᵉ BERGER-LEVRAULT, RUE DES JUIFS, 33.

1846.

A MON PÈRE

ET

A MA MÈRE.

H. F. A. GÉRARD.

FACULTÉ DE DROIT DE STRASBOURG.

PROFESSEURS.

MM. Rauter, Doyen et professeur de procédure civile et de législation criminelle.

Bloechel, Professeur de Droit civil français.

Hepp, Professeur de Droit des gens.

Heimburger, Professeur de Droit romain.

Thieriet, Professeur de Droit commercial.

Aubry, Professeur de Droit civil français.

Schützenberger, Professeur de Droit administratif.

Rau, Professeur de Droit civil français.

PROFESSEURS SUPPLÉANTS.

MM. Eschbach.

Destrais.

M. Pothier, Secrétaire, agent comptable.

M. Hepp, Président de la thèse.

Examinateurs MM.
- Hepp,
- Heimburger, } Professeurs.
- Thieriet,
- Eschbach, Professeur suppléant.

La Faculté n'entend ni approuver ni désapprouver les opinions particulières au candidat.

JUS ROMANUM.

DE DIVERSIS SERVITUTUM SPECIEBUS ET QUIBUS MODIS EÆ CONSTITUUNTUR.

TITULUS PRIMUS.

GENERALIA.

Servitus est jus in re aliena præter naturam constitutum, quo quis in re sua aliquid pati vel non facere tenetur in alterius personæ vel rei utilitatem.

Dico, *in re aliena*, quia res sua nemini servit; *præter naturam constitutum*, quia ipsæ res natura sunt liberæ, nec, nisi servitus eis imponatur, arbitrio alterius non sunt obnoxiæ.

Servitutum summa hæc est divisio, aut enim personales sunt, aut reales. Personalis si personæ debeatur servitus; si vero rei sive prædio, tunc realis seu prædialis perhibetur.

Servitutes personales quatuor recensentur; ususfructus scilicet, usus, habitatio et denique operæ servorum.

Sciendum est autem quod prædia distingui solent in urbana et rustica, itidem non a loco, verum ab usu distinctione desumpta.

Rusticum prædium vocatur, quilibet fundus, sive ædificium ad usum percipiendorum fructuum exstructum. Urbanum vero quodvis ædificium habitandi causa comparatum; nec interest in quo loco exstruatur, sive ruri, sive in urbe. Ex qua distinctione distinctio similis oritur inter servitutes; ipsæ enim sunt urbanæ vel rusticæ.

Aliæ aliis discrepant præsertim in eo quod servitutes rusticæ

1

omnes sui natura habent intermissionem, id est, causam disconti-
nuam; urbanæ vero usum possessionemque continuam (L. 28, D.
de servitutibus).

Dicendum insuper servitutes urbanas, aut affirmativas, aut negativas esse, cum rusticæ omnes sint affirmativæ; servitutes affirmativæ
dicuntur quæ in patiendo consistunt; negativæ autem quæ in non
faciendo.

TITULUS II.

QUI SERVITUTEM CONSTITUERE ET ACQUIRERE POSSUNT.

Respiciendum est igitur quæ requirantur tam in persona constituentis, quam in persona acquirentis. Et primum in persona
constituentis hoc necesse est, ut is tantum servitutem constituat qui
fundi dominus est, ut traditur ab ULPIANO atque POMPONIO, in
textu geminato his verbis : «Quia alienis quidem ædibus, nec
imponi, nec acquiri servitus potest» (L. 8 et L. 6 in princip.
D. communia præd., 8, 4).

In acquirentis persona eadem omnia requiruntur, quæ in constituentis. Unde ut prædialis servitus non imponitur, nisi prædio;
ita servitus constituta non comparatur, nec debetur nisi fundo.
Sicut igitur nemo potest imponere servitutem, nisi qui fundi dominus est, ita quoque nemo acquirere, nisi dominus prædii cui
servitutem acquirat. Utraque conditio in generali definitione ULPIANI
complexa est, cum ita sentit, neque acquirere alienis prædiis servitutes, neque imponere quemquam posse.

Hic vero admonendi sumus dominum prædii sic accipiendum,
ut contineantur etiam qui reipsa propemodum jus dominii habent,
emphyteuta scilicet et superficiarius. Hi etiam servitutem imponere
non prohibentur, alter prædio emphyteutico, alter superficiariis
ædibus. Quas servitutes prætor utilibus actionibus tuetur.

TITULUS III.

Servitutes reales seu prædiorum constituuntur variis modis, qui numero quinque inveniuntur, sive natura, sive per judicem, sive ultima voluntate, seu conventione inter vivos, aut demum per præscriptionem.

CAPUT PRIMUM.

De servitutis constitutione natura.

Servitus quæ natura constituitur una.

Ea est quæ inferiore fundo semper superiori debetur, ut natura decurrentem aquam excipiat, ut videre est in lege 1, §. 22, D. de aqua et aquæ pluviæ arcendæ, 39, 3.

Hæc servitus inferioris loci non existit, nisi status prædiorum vicinorum ita natura comparatur, ut hoc incommodum naturaliter inferius a superiore patiatur. Hoc jus tamen servitutis in æquitate fundamentum habet; cum enim ubi emolumentum ibi et onus esse debeat, ita inferior ager debet incommodum compensare cum alio commodo. Nam ut ad eum omnis pinguitudo terræ per aquam labitur, æquitati consentaneum igitur ut et aquæ onus ad eum decurrat. Ideoque hanc servitutem dominus inferioris agri molesto animo ferre non debet.

Denique cum ULPIANO animadvertendum est, conditionibus fundorum quasdam leges esse dictas: ut, quibus agris magna sint aquæ flumina, liceat mihi scilicet in prædio tuo aggeres vel fossas habere. Si tamen lex agro non sit dicta, videndum an vetustas sit; nam vetustas vicem legis obtinet : «Sane enim, inquit ULPIANUS, et in «servitutibus hoc idem sequimur, ut ubi servitus non invenitur «imposita, qui diu usus est servitute, neque vi, neque clam, neque «precario, habuisse longa consuetudine, vel ex jure impositam

« servitutem videatur. » (L. 1, §. 23, D. de aqua et aquæp luviæ arcendæ, 39, 3). Si tamen lex agri nec vetustas inveniatur, agri naturam esse servandam.

Præter hanc servitutem loci inferioris nulla res natura servit; ut si qua servitutem debet, opus sit externo aliquo facto servitutem esse constitutam. Nam, quod res est, et multis argumentis probatur, omnes res privatas, si servitutem aquæ profluentis excipias, natura ac jure publico dominis suis esse liberas.

CAPUT SECUNDUM.

De constitutione servitutis per judicem.

Potest judex servitutem constituere duntaxat in judiciis divisoriis, nempe familiæ erciscundæ, et communi dividundo, cum scilicet, in dividendis pluribus prædiis, alterum uni adjudicat, alterum alteri. Tunc enim si in his prædiis, ad divisionis commoditatem servitus desideratur, veluti ut per unum ire, agere ad alterum liceat, ut ab altero liceat quid in alterum immittere, potest judex unum alteri servum declarare, ut plane constat ex fragmento 22, §. 3, D. familiæ erciscundæ, 10, 2. ubi : « sed etiam, cum adjudicat, poterit imponere ali- « quam servitutem, ut alium alii servum faciat ex iis quos adjudicat. » Et animadvertendum est, id tum judicem facere posse cum utrumque prædium adjudicatur. Sin autem pure et simpliciter alii adjudicaverit fundum, alium postea adjudicando, amplius servitutem imponere non poterit.

Denique sciendum est quod per adjudicationem, citra ullam traditionem, servitus constituitur.

CAPUT TERTIUM.

De servitutis constitutione testamento aut ultima voluntate.

Testamentum, *sensu lato*, est declaratio ultimæ voluntatis, seu usta sententia de eo quod quis post mortem fieri velit. Verbum igitur testamenti amplectitur testamentum, *sensu stricto*, nec non et codicillos.

Illud est declaratio solemnis ultimæ voluntatis directæ hæreditatis institutionem continens; hi vero sunt testati sive intestati voluntas minus solemnis.

Servitus autem constitui potest testamento, vel codicillis. Talia enim sunt verba JUSTINIANI in Institutionibus: «Potest etiam in testamento «quis hæredem suum damnare ne altius tollat ædes suas, ne lumi-«nibus ædium vicini officiat; velut patiatur eum tignum in parietem «immittere, vel stillicidium habere; vel ut patiatur eum per fundum «ire, agere, aquamve ex eo ducere.»

Textus ait: *potest quis hæredem suum damnare*; hoc intelligendum est, hæredem sive legitimum, sive testamento institutum. Nam servitus ab intestato relinqui potest, et verum est dicere, servitutem seu testamento, seu per codicillos recte constitui posse.

Nunc quæritur, utrum servitus ipso jure legatario acquiratur, an solum obligatio personalis qua servitus dare petitur?

Et hic primum distinctio adhibenda est; nam ante JUSTINIANUM servitus non acquirebatur nisi per vindicationem legata.

Tempore vero JUSTINIANI, cum ab ipso quatuor species legatorum ad unam reductæ sunt naturam, quibuscumque verbis servitus relicta, seu per vindicationem, seu per damnationem, legato ipso jus in re constituitur. Ideoque legata servitus legatario etiam ignoranti statim acquiritur, ut dies legati cedit, citra ullam cessionem, aut traditionem vel quasi. Ratio est, quia cum legatum rei legatæ corporalis dominium plenum ipso jure transferat, a fortiori jus in re servitutis transferre potest, nam qui plus potest, et potest minus. Denique hoc jus commune est cum omnibus rebus etiam corporalibus legatis, quas placet ab eo qui legavit, ad eum, cui legatæ sunt, recta via transire.

Exinde sequitur quod si etiam ignorans legatam servitutem jure tuo non usus eris, servitus præscriptione amittetur, ut ait POMPOnius : « Si per fundum meum viam tibi legavero, et adita mea « hæreditate , per constitutum tempus ad amittendam servitutem « ignoraveris eam tibi legatam esse, amittes viam non utendo » (L. 19, §. 1, D. 8, 6).

Et quoque si intra idem tempus, antequam rescires tibi legatam servitutem, tuum vendideris prædium , ad emptorem servitus pertinebit; « quia scilicet tua esse cœperat », inquit POMPONIUS, loco prope recitato.

Jam dicendum superest, posse etiam in legato servitutem deduci. PROCULUS enim putat, ut refert POMPONIUS, insulam posse ita legari, ut ei servitus imponatur, quæ alteri insulæ hæreditariæ debeatur hoc modo : si ille hæredi meo promiserit, per se non fore, quo altius ea ædificia non tollantur, tum eorum ædificiorum usumfructum do, lego. Vel sic, ædium illarum, quoad altius, quam nunc sunt, ædificatæ non erunt, illi usumfructum do, lego (L. 19, in princip., D. de usufructu, 7, 1).

CAPUT QUARTUM.

De servitutis constitutione per inter vivos conventionem.

SECTIO I.

Conspectus historicus.

Ante omnia quædam præmittenda sunt de jure italico nec non et jure provinciarum. Olim itaque distinctio adhibebatur inter jus italicum et jus provinciale, ita quoque inter fundum italicum et fundum in provincia situm. Alius enim juris civilis particeps erat, alius non utique. In illo dominium civile, id est quiritarium, acquiri poterat, in hoc autem bonitarium.

Hæc dicta sunt, quo melius intelligantur quæ sequuntur.

7

§. 1.

De constitutione servitutum inter vivos conventione in Italia.

Principium igitur imprimis proponendum est, quod servitutes nisi per aliquem modum juris civilis non acquirebantur.

Ideoque inter vivos servitus acquirebatur tantummodo per mancipationem, nec non et in jure cessionem.

Sciendum est autem, antiquitus servitutes per traditionem acquiri non potuisse, propterea quod traditio juris gentium erat. Alia insuper erat ratio, quia servitutum utpote rerum incorporalium nulla traditio esse poterat.

Sed postea, gliscente jure prætorio, admissa est, quasi traditio, quæ quidem in usu juris constare solebat, secundum JAVOLENI sententiam in Lege 20, D. 8, 1, ubi: «Ego puto usum ejus juris «pro traditione possessionis accipiendum esse. »

§. 2.

De constitutione servitutum in provinciis per conventionem inter vivos.

Olim de jure civili in provinciis servitutes non acquiri poterant, ratio erat, quia dominium civile in fundis provincialibus esse non poterat.

Attamen postea jure prætorio admissæ sunt servitutes. Eas enim prætor tuebatur, dando interdicta veluti possessoria, seu actiones utiles.

Tum acquiri recte poterant servitutes per adjudicationem et legatum. Inter vivos vero non poterant per mancipationem nec in jure cessionem, quippequæ erant modi acquirendi de jure civili.

Nunc quæritur utrum antiquitus, in provinciis traditione acquirerentur.

Et verum est dicere quod non, ut tradunt Vaticana juris romani Fragmenta, §. 27, ubi «in re nec mancipi per traditionem deduci ususfructus non potest, nec in homine si peregrino tradatur, civili enim actione constitui potest, non traditione quæ juris gentium est. »

Itaque quoad res nec mancipi dominium quiritarium traditione quæ erat modus acquirendi juris gentium transferebatur; quoad vero servitutes tam prædiales quam personales jus civile adeo strictum permansit, ut modus civilis acquirendi necesse esset ad eas comparandas.

Itaque servitutes rusticæ quia erant *res mancipi*, mancipatione comparabantur, dum servitutes urbanæ et ususfructus *per cessionem in jure*, ut videre est in Vaticanis juris romani Fragmentis, ibi. «Tametsi ususfructus fundi mancipi non sit, tamen sine tuto- «ris auctoritate alienare eum mulier non potest, cum aliter quam in «jure cedendo, id facere non possit .... idemque est in servitutibus «prædiorum urbanorum» (Vatic. Jur. rom. Fragm., §. 45).

Alia ratio erat cur servitutes per traditionem acquiri non possent, quia servitutum utpote rerum incorporalium nulla erat possessio, hincque nulla traditio.

Postea autem jure honorario quasipossessio et quasitraditio pariter introducta est, ut jam superiori loco diximus.

Eodem igitur tempore duo requirebantur ad servitutes per conventionem inter vivos constituendas, conventio scilicet, et præterea quasitraditio. Sic enim Pomponius in lege 3, §. 2, D. 19, 1: «Si «iter, actum, viam, aquæductum, per fundum tuum emero, vacuæ «possessionis traditio nulla est. Itaque cavere debes, per te non fieri «quo minus utar.» Et Javolenus etiam ait in lege 20, D. 8, 1: «Quo- «tiens via aut aliquod jus fundi emeretur, cavendum putat esse «Labeo, *per te non fieri, quo minus eo jure uti possit* : quia nulla «ejusmodi juris vacua traditio esset. Ego puto usum ejus juris pro «traditione possessionis accipiendum esse.»

Sectio II.

Conspectus dogmaticus.

Temporibus autem Justiniani mancipatio et cessio in jure sublatæ sunt, sicuti distinctio inter jus italicum et jus provinciarum.

Tunc igitur, secundum verba imperatoris in Institutionibus, si quis velit vicino aliquod jus constituere, pactionibus atque stipulationibus id efficere debet (lib. II, tit. 3, §. 4).

Exinde quæstio exoritur, utrum per pacta aut stipulationes tantum servitutes acquiri possint, an opus sit quasi traditione, ut jus in rem servitutis constituatur.

Hæc quæstio controversissima; nos autem existimamus servitutes sive affirmativas sive negativas pactionibus absque ulla traditione constitui posse.

CAPUT QUINTUM.

De constitutione servitutis per usucapionem.

§. 1.

Conspectus historicus.

Ut hæc materia expeditior eveniat, notandum est, antiquo jure, usucapi servitutes non potuisse. Nam quum possessio ad usucapionem necesse esset, quæ in servitutibus, utpote rebus incorporalibus, obtinere non videbatur, factum est, ut nec usucapi posse crederentur, ea maxima ratione, quia in lege decemvirali nihil erat de rerum incorporalium usucapione cautum. At quamvis non esset servitutum possessio, attamen earumdem usus erat, qui deinde apud prudentes quasi pro possessione habebatur. Adeoque, ex alma jurisprudentium interpretatione, servitutum saltem rusticarum invecta est usucapio. Hoc in lucem maxime proditur ex verbis CICERONIS[1] : « Aquæ ductus, haustus, iter, actus, a patre; sed rata auctoritas harum rerum omnium a jure civili sumitur. »

Quum vero hæc servitutum quasi possessio a veteribus introducta, principia veteris jurisprudentiæ valde repugnare videretur, lata est

---

1 Pro A. Cæcina, c. 26.

demum lex Scribonia, quæ servitutum usucapionem penitus sustulit, ut videre est in Fragm. 14, §. 29, D. de usurpation. et usucap., 41, 3. Attamen hanc legem numquam extitisse aliqui censent; alii vero eam temporibus Antonii adsignant. Ut ut, adeo hæc lex moribus comprobata est, ut omnes passim qui postea supervenere jurisconsulti, disertissime tradunt, sive rusticas, sive urbanas servitutes usucapionem recipere non posse.[1]

§. 2.

Conspectus dogmaticus.

Legis Scriboniæ ea ratio erat, quod possessio servitutum utpote rerum incorporalium locum non habere videbatur; attamen hic rigor juris civilis a prætore emendatus est, nam post hanc legem, ei qui longo tempore, nec vi, nec clam, nec precario, servitute usus erat, Prætor dabat utilem actionem. Sic enim ab Ulpiano traditur, in lege 10, D. in princip., si servitus vindicetur, 8, 5 : « Si quis diuturno usu, et longa quasi possessione, jus aquæ ducendæ nanctus sit, non est ei necesse docere de jure, quo aqua constituta est, veluti ex legato, vel alio modo : sed utilem habet actionem, ut ostendat, per annos forte tot usum se, non vi, non clam, non precario possedisse »; et a Paulo, L. 20, in princip., D. de servitut. prædior. urban., 8, 2 : « Servitutes, quæ in superficie consistunt, possessione retinentur. »

Reperiuntur etiam in Codice Theodosiano, in Pandectis quoque,

---

1 Fragm. 14. in princip. D. 8, 1. „Servitutes prædiorum rusticorum, etiam si „corporibus accedunt, incorporales tamen sunt; et ideo usu non capiuntur, vel ideo, „quia tales sunt servitutes, ut non habeant certam continuamque possessionem; nemo „enim tam perpetuo, tam continenter ire potest, ut nullo momento possessio ejus „interpellari videatur. Idem et in servitutibus prædiorum urbanorum observatur.“ — Fragm. 43, §. 1, D. de acquir. rerum dominio. 41, 1. „Incorporales res traditio- „nem et usucapionem non recipere manifestum est.“ — Fragm. 10, §. 1, D. de usurpat. et usucap., 41, 3. „Hoc jure utimur, ut servitutes per se usquam longo „tempore capi possint, cum ædificiis possint.“

nec non et in Codice Justinianeo, plurimi textus, ex quibus eviden-
tissimum apparet, possessionem aquæ ducendæ accurate confirma-
tam fuisse.[1]

Lex Scribonia demum satis aperte sublata est, et servitutum quoque, omniumque rerum incorporalium admissa est longi temporis
præscriptio, id est, decem annorum inter præsentes, et viginti inter
absentes. Hoc enim constat ex duobus constitutionibus, quarum altera
Antonini, altera Justiniani (L. 2, C. de servitut. et aqua, 3, 34,
L. 12, C. de præscript. longi temporis, decem vel viginti annorum;
7, 33).

Operæ pretium est adjicere hanc usucapionem servitutum non
procedere posse, nisi cum possessione bonæ fidei justoque titulo,
secundum expressissimam definitionem supra dictæ constitutionis
12, ibi, «*ut bono initio possessionem tenentis,* et utriusque partis do-
micilio requisito sit expedita quæstio pro rebus ubicumque positis:
nulla scientia vel ignorantia exspectanda, ne altera dubitationis
inextricabilis oriatur occasio. Eodem observando, et si res non soli
sint, sed incorporales, quæ in jure consistunt: veluti ususfructus, et
cæteræ servitutes.»

---

1 L. 6, Cod. Theod. 15, 2. — L. 10, D. 8, 5. — L. 26, D. 39, 3. — L.
3, S. 4, D. 43, 20. — L. 1, S. 23, D. 39, 3.

DROIT CIVIL.

DES DIVERSES ESPÈCES DE SERVITUDES EN GÉNÉRAL, ET DE LA MANIÈRE DONT ELLES S'ÉTABLISSENT.

(Art. 686-696 du Code civil.)

INTRODUCTION.

Une servitude, dans le sens strict, est une charge imposée sur un héritage[1], pour l'usage et l'utilité d'un héritage appartenant à un autre propriétaire. Telle est la définition que donne l'article 637 du Code civil. Mais il faut observer que cette définition ne comprend que les servitudes réelles, ou services fonciers. Elle ne comprend point les servitudes personnelles, qui sont : l'usufruit, l'usage et l'habitation.

L'héritage auquel la servitude est due, s'appelle héritage dominant, et celui qui la doit, héritage servant.

Notre dissertation sera divisée en deux titres.

---

1 Le mot héritage, d'après son sens primitif, signifie succession, tout ce qui vient par voie d'hérédité. Il a été employé par les anciennes Coutumes pour signifier les immeubles réels ou par nature, c'est-à-dire, les fonds de terre et les bâtiments. C'est dans ce sens qu'il a été employé par LAFONTAINE, Liv. 6, Fab. IV. — Liv. 6, Fab. XIII. C'est aussi en ce sens que ce terme a passé dans le Code civil, comme expression technique en matière de servitudes.

TITRE PREMIER.

Les servitudes réelles se divisent :

1.º En servitudes urbaines et rurales.

Les premières sont celles qui sont établies en faveur d'un bâtiment, que ce bâtiment soit situé à la ville ou à la campagne; les secondes sont celles qui sont établies en faveur d'un fonds de terre. Telle est la division que l'article 687 a empruntée au Droit romain; elle est aujourd'hui de peu d'importance. Il n'en est pas de même de la distinction suivante, qui n'existait pas en Droit romain d'une manière bien tranchée.

2.º En servitudes continues et discontinues.

Les servitudes continues sont celles dont l'usage est ou peut être continuel, sans avoir besoin du fait actuel de l'homme pour être exercé. Les servitudes de cette espèce s'exercent donc par elles-mêmes, sans l'intervention ultérieure du possesseur de l'héritage dominant, une fois que les choses se trouvent en tel état qu'on puisse user de la servitude. Les conduits ou prises d'eau, les égouts, les vues sont des servitudes continues, aux termes de l'article 688, dont la disposition n'est point limitative.

Les servitudes discontinues sont celles qui ont besoin du fait actuel de l'homme pour être exercées; telles sont les droits de passage, puisage, pacage et autres semblables. Ces servitudes ne sont exercées qu'autant qu'il y a une continuité réelle, une succession de faits de la part du possesseur de l'héritage dominant.

3.º En servitudes apparentes et non apparentes.

Les premières sont celles qui se manifestent par des ouvrages extérieurs, tels qu'une porte, une fenêtre, un aqueduc, etc. Les secondes sont celles dont l'existence n'est révélée par aucun ouvrage évident, par aucun signe extérieur; ainsi par exemple la prohibition de bâtir sur un fonds ou de ne bâtir que jusqu'à une hauteur déterminée, *altius non tollendi.*

TITRE II.

DE L'ÉTABLISSEMENT DES SERVITUDES.

GÉNÉRALITÉS.

Les servitudes sont établies ou par la loi ou par le fait de l'homme.

Les servitudes qui, aux termes de l'article 639 du Code civil, dérivent de la situation naturelle des lieux, et sont comme telles opposées aux servitudes établies par la loi, ne sont, à bien dire, que des servitudes légales, en raison de la situation des lieux.

Nous n'avons pas à nous en occuper ici, attendu que le sujet de notre thèse est renfermé dans les articles 686 à 696 du Code civil, ayant uniquement pour objet les servitudes établies par le fait de l'homme.

Les servitudes qui dérivent du fait de l'homme s'établissent de plusieurs manières, savoir : par titre, par destination du père de famille et par prescription.

Les servitudes ne peuvent plus être établies par adjudication *per judicem*, dans les actions de partage.

Nous allons traiter dans les trois chapitres suivants des divers modes d'établissement des servitudes reconnus actuellement par la loi.

CHAPITRE PREMIER.

De l'établissement des servitudes par titre.

SECTION PREMIÈRE.

Diverses espèces de titres au moyen desquels on peut établir une servitude.

Par titre on entend les contrats et les dispositions de dernière volonté. Ainsi la vente, l'échange, la donation, la transaction, la constitution de dot, les legs sont des titres au moyen desquels on peut constituer les servitudes.

SECTION II.

Conditions requises pour l'établissement des servitudes par titre.

Ces conditions sont relatives à celui qui veut établir une servitude, à celui qui veut l'acquérir, et enfin à la forme du titre constitutif.

§. 1.er

Conditions requises de la part de celui qui veut établir une servitude.

En général, pour établir un droit réel sur un immeuble, il faut être propriétaire de cet immeuble, et avoir la capacité de l'aliéner. Or la servitude est un droit réel, un démembrement de la propriété; il faut donc que celui qui veut l'établir soit propriétaire et capable de disposer de la maison ou du fonds de terre qui doit être soumis à cette charge, ou qu'il agisse au nom du propriétaire, ou bien qu'il stipule de la manière prévue par l'article 1120 du Code civil.

Il faut, disons-nous, qu'il soit propriétaire. « Il est permis aux «propriétaires, porte l'article 686, d'établir sur leurs propriétés ou «en faveur de leurs propriétés, telles servitudes que bon leur «semble, etc. »

Peu importe que la propriété de celui qui veut établir une servitude sur son fonds, soit directe ou utile, conditionnelle, révocable ou irrévocable, divise ou indivise, pleine ou moins pleine.

De là les propositions suivantes :

I. L'emphytéote qui a un *dominium* utile peut constituer une servitude sur le fonds emphytéotique, mais seulement pour toute la durée de l'emphytéose.

II. On peut établir une servitude sur un fond dont on n'est pas propriétaire, pour le cas où l'on en acquerra la propriété.

III. Celui qui n'a qu'une propriété résoluble ou révocable, peut établir une servitude; mais la servitude s'évanouit avec la résolution de son droit, en vertu de ce principe : *resoluto jure dantis, resolvitur jus accipientis.*

Ce principe s'applique aux acquéreurs à pacte de rachat, au donataire obligé au rapport ou évincé par suite de la révocation ou de la réduction de la donation, au légataire sous condition, si la condition ne s'accomplit pas, et aux grevés de substitution (art. 952 et 1673, 865-929 du Code civil).

IV. Le mari peut établir une servitude sur les fonds qui sont tombés dans la communauté par la voie de l'ameublissement déterminé en totalité, attendu que le mari est maître de la communauté, *mulier non est proprie socia, sed speratur fore;* or, l'effet de l'ameublissement déterminé est de rendre l'immeuble ou les immeubles qui en sont frappés, biens de la communauté, comme *les* meubles mêmes, et le mari peut en disposer comme des autres effets de la communauté et les aliéner en totalité.

Que, si l'immeuble n'est ameubli que jusqu'à concurrence d'une certaine somme, il faut dès lors appliquer le principe établi dans la proposition suivante.

V. On peut grever de servitudes un héritage indivis. La servitude est valablement établie, pourvu toutefois que le communiste devienne, par suite du partage, propriétaire exclusif du fonds.

VI. Du principe qu'il faut être propriétaire du fonds pour pouvoir créer une servitude, il suit :

Que l'usufruitier ne peut créer une véritable servitude sur le fonds soumis à son droit d'usufruit; mais il a la faculté d'accorder pour toute la durée de son usufruit des droits analogues aux servitudes, à condition que l'exercice de ces droits ne soit nullement dommageable pour le propriétaire. « Les droits, dit TOULLIER, que l'usufrui« tier pourrait concéder, s'éteindraient nécessairement avec l'usufruit, « et ne pourraient être qualifiés de servitudes, puisqu'ils ne seraient « pas dus par le fonds. »

VII. L'existence de servitudes ou d'hypothèques dont l'héritage est grevé, n'est pas un obstacle à ce que le propriétaire établisse sur cet héritage de nouvelles servitudes, soit de la même espèce, soit d'une autre. Mais ces servitudes ne doivent point porter préjudice :

1.° Aux droits des héritages dominants, c'est-à-dire aux anciennes servitudes.

Il s'ensuit que le propriétaire ne peut point grever de servitudes le fonds soumis à l'usufruit, sans le consentement de l'usufruitier. Il en était de même en Droit romain. PAPINIEN dit en effet, dans la loi 15, §. final, *D. de usufructu,* 7, 1 : *Proprietatis dominus nequidem consentiente usufructuario servitutem imponere potest.*

2.° Ni aux droits des créanciers hypothécaires. Ces derniers conservent toujours le droit de faire vendre l'immeuble, comme libre de toute servitude constituée postérieurement à l'inscription de leurs hypothèques, ou à l'époque à laquelle leurs droits ont pris naissance, s'il s'agit d'une hypothèque valable indépendamment de l'inscription, telles que celles des mineurs, des interdits, de la femme mariée.

En second lieu, il faut que celui qui veut établir une servitude sur son propre fonds, soit maître de ses droits, soit capable d'aliéner.

Ainsi, tous ceux qui n'ont pas, en général, la capacité d'aliéner, tels que les mineurs, les interdits, ceux qui sont soumis à la direc-

3

tion d'un conseil judiciaire, les femmes mariées non autorisées, ne peuvent grever leurs fonds d'une servitude, sans observer les formes exigées pour l'aliénation de leurs biens.

Du même principe il résulte, que ceux qui administrent le bien d'autrui, ne peuvent établir de servitudes sur les héritages dont ils ont la gestion; tels sont les tuteurs et les maris sur les biens des mineurs, les propres de la femme et les biens paraphernaux dont la femme a laissé l'administration à son mari.

De ce même principe il suit encore que le mari ni la femme ne peuvent établir de servitude sur le fonds dotal, à moins que ce fonds n'ait été déclaré aliénable par le contrat de mariage (art. 1557 du C. civ.).

Encore une conséquence de ce principe, c'est que l'envoyé en possession provisoire des biens de l'absent ne peut les grever de servitudes, par la raison que la possession provisoire est une espèce de dépôt, qui donne seulement à ceux qui l'obtiennent l'administration des biens (art. 125 du C. civ.).

§. 2.

Conditions requises de la part de celui qui veut acquérir une servitude par titre.

Il faut que celui qui veut acquérir une servitude, soit propriétaire de l'héritage au profit duquel elle doit être acquise, ou qu'il agisse au nom du propriétaire, en vertu d'un mandat, ou bien, enfin, qu'il stipule pour lui de la manière prévue par l'article 1121 du Code civil.

1.° *Qu'il soit propriétaire.* Cependant, on peut acquérir une servitude au profit d'un fonds dont on n'est pas propriétaire, pour le cas où l'on en acquerra la propriété, de même qu'un copropriétaire peut valablement acquérir une servitude au profit d'un héritage indivis; car il est censé, en règle générale, gérer la chose commune, et la stipulation serait en tous cas interprétée conformément à l'article 1121 du Code civil. Que, si les autres communistes ne voulaient point ratifier le contrat, il ne profiterait qu'à la part du stipulant. DUMOULIN pensait qu'en pareil cas l'effet de la convention est en suspens jusqu'à ce que les autres copropriétaires aient donné leur consentement, ou qu'un partage ait distingué la part du stipulant, ou qu'enfin ce dernier soit devenu propriétaire pour le tout.

De ce qu'il faut être propriétaire pour pouvoir acquérir une servitude, il suit que les détenteurs précaires, tels que les usufruitiers, les créanciers antichrétiques, ne peuvent acquérir de servitudes au profit du fonds soumis à l'usufruit ou donné en antichrèse, parce que leur défaut d'intérêt annulle la convention. Ils sont censés avoir stipulé seulement pour la durée de leur jouissance; or, cette concession est toute personnelle et n'est nullement inhérente au fonds.

2.° *Qu'il agisse au nom du propriétaire.*

Celui qui agit en qualité de mandataire, acquiert valablement une servitude au profit du fonds de son mandant. Ce point ne peut souffrir aucune difficulté; car le mandataire oblige les tiers envers le mandant.

3.° *Qu'il agisse de la manière prévue par l'article 1121.*

Cet article porte, qu'on peut stipuler au profit d'un tiers, lorsque telle est la condition d'une stipulation que l'on fait pour soi-même, ou d'une donation que l'on fait à un autre. Celui qui a fait cette stipulation, ne peut plus la révoquer, si le tiers a déclaré vouloir en profiter.

Conformément à la faculté que donne cet article, ceux mêmes qui ne sont ni propriétaires, ni représentants de ces derniers, ni leurs mandataires, peuvent cependant acquérir une servitude au profit du fonds du propriétaire, lorsque cette servitude est la condition d'une stipulation qu'ils font pour eux-mêmes.

§. 3.

Conditions relatives à la forme du titre constitutif.

Le principe général en cette matière est celui-ci : Il faut que la convention ou la disposition, par laquelle on veut établir une servitude, réunisse les conditions requises pour la validité des titres translatifs de propriété.

Faisons l'application de ce principe aux diverses espèces de titres.

1.º *A la vente et à l'échange.* Si la vente ou l'échange est faite par acte sous seing privé, l'acte doit, aux termes de l'article 1325 du Code civil, être fait en autant d'originaux qu'il y a de parties ayant un intérêt distinct. Chaque échangiste, chaque vendeur ou acheteur doit en avoir un ; et de plus, chaque original doit contenir la mention du nombre des originaux qui en ont été faits. Néanmoins le défaut de mention que les originaux ont été faits doubles, triples, etc., ne peut être opposé par l'échangiste, vendeur ou acheteur, qui a exécuté de sa part la convention portée dans l'acte.

L'acte sous seing privé ne sera valable à l'égard des tiers, qu'autant qu'il sera enregistré ou qu'il aura reçu date certaine de l'une des autres manières indiquées par l'article 1328.

2.º *A la transaction.* En général, une transaction peut être faite par écrit ou verbalement. La rédaction de l'acte par écrit n'est pas une condition essentielle de la transaction. La rédaction par écrit est seulement nécessaire *probationis causa,* pour prouver la transaction, lorsqu'elle est d'une valeur excédant cent cinquante francs. Nous pensons que, s'il s'agit d'une transaction ayant pour objet la constitution d'une servitude, la rédaction de l'acte par écrit sera toujours nécessaire, et l'acte sous seing privé devra être fait conformément à l'article 1325.

3.º *A la donation.* La donation d'une servitude devra, en conséquence du principe ci-dessus posé, être faite par acte devant notaire, dans la forme ordinaire des contrats, et il devra en rester minute, à peine de nullité (art. 931).

Ainsi, on ne pourrait pas plus donner une servitude par acte sous seing privé, qu'on ne pourrait donner la propriété.

Une pareille donation devrait encore être acceptée en termes exprès par-devant notaire, à moins que la donation ne fût faite par contrat de mariage; car, aux termes de l'article 1087, les donations par contrat de mariage ne peuvent jamais être attaquées ni déclarées nulles sous prétexte de défaut d'acceptation.

Que si le donataire donne pouvoir d'accepter, la procuration devra aussi être passée par-devant notaire, et une expédition devra en être annexée à la minute de la donation, ou à la minute de l'acceptation, qui serait faite par acte séparé (art. 933).

Il faut maintenant observer qu'en Droit français les servitudes n'étant point susceptibles d'hypothèques, il ne serait point nécessaire de faire transcrire l'acte de donation qui les établirait, et qu'en vertu du même principe, celui qui a acquis une servitude n'ayant pas le droit de purger les hypothèques qui affectent l'héritage servant, ferait inutilement transcrire son contrat.

On ne peut remplacer le titre constitutif de la servitude que par un titre récognitif émané du propriétaire du fonds servant (art. 695, Code civ.). La validité de ce titre récognitif devra de plus être subordonnée aux dispositions de l'article 1337, ainsi conçu : « Les « actes récognitifs ne dispensent point de la représentation du titre « primordial, à moins que sa teneur n'y soit spécialement relatée; « ce qu'ils contiennent de plus que le titre primordial, ou qui s'y « trouve de différent, n'a aucun effet. Néanmoins, s'il y avait plu- « sieurs reconnaissances, conformes, soutenues de la possession, et « dont l'une eût trente ans de date, le créancier pourrait être dispensé « de représenter le titre primordial. »

Ajoutons que, si le titre récognitif ne remplissait pas les conditions prescrites par l'article précité, il ne serait plus qu'un simple aveu écrit, qui, par conséquent, ne ferait foi que contre celui qui l'aurait fait, mais non contre les tiers.

À défaut du titre récognitif de la part de celui qui, à la date de ce titre, avait la propriété du fonds grevé, le titre constitutif ne pourrait pas être remplacé par des énonciations contenues dans des actes où le véritable propriétaire n'aurait pas été partie. La possession, d'ailleurs conforme à ces énonciations, n'aurait de valeur que pour ce qui concerne les servitudes continues et apparentes, et dès lors ce serait la possession et non le titre qui les ferait acquérir.

CHAPITRE II.

De l'établissement des servitudes par usucapion.

Dans l'ancien Droit les principes relatifs à la prescription des servitudes variaient selon les différentes coutumes.

D'après les unes, et notamment d'après la coutume de Paris [1], aucune espèce de servitude ne pouvait être usucapée; dans d'autres, l'usucapion ne s'appliquait qu'à une certaine espèce de servitudes; dans d'autres enfin elle s'appliquait à toute espèce de servitude.

Le Code civil a établi à cet égard une législation uniforme pour toute la France.

Ce chapitre sera subdivisé en deux sections : dans la première nous verrons quelles sont les conditions requises pour l'usucapion des servitudes, et dans la seconde, quelle est l'étendue de la prescription en matière de servitudes.

---

1 Art. 186.

23

SECTION PREMIÈRE.

Des conditions requises pour l'usucapion des servitudes.

Les servitudes sont des démembrements de propriétés, aussi les conditions requises pour l'usucapion des servitudes sont en général les mêmes que celles qu'exige la prescription de la propriété. Or les conditions essentielles de toute usucapion de la propriété sont la possession et le temps requis pour prescrire, *tempus legitimum.*

§. 1.er

De la possession requise pour l'usucapion des servitudes.

La possession civile est une condition essentielle de toute espèce d'usucapion.

La possession civile est celle qui est continue et non interrompue, paisible, publique et à titre de propriétaire, *nec vi, nec clam, nec precario.*

De ce principe il suit :

1.° Que les servitudes continues et apparentes sont seules susceptibles d'être acquises par usucapion ;

2.° Que les servitudes continues non apparentes, et les servitudes discontinues apparentes ou non apparentes ne peuvent s'établir que par titre.

En effet, d'un côté les servitudes discontinues ne sont point susceptibles d'une possession continue; d'un autre côté, les servitudes non apparentes ne sont point susceptibles d'une possession publique.

Il est donc impossible que la possession des servitudes discontinues et non apparentes réunisse les qualités requises pour fonder l'usucapion. De là la première disposition de l'article 691 : « Les « servitudes continues non apparentes et les servitudes discontinues « apparentes ou non apparentes ne peuvent s'établir que par titre. »

Par titre on doit entendre un titre émané du propriétaire de l'héritage qui doit être grevé de servitude. Un titre consenti par celui qui n'était point propriétaire, *a non domino*, ne rendrait point ces servitudes susceptibles de l'usucapion, même trentenaire.

Tel n'est pas le sentiment de M. TOULLIER, qui, pour résoudre la question, cherche à s'étayer des principes de l'ancienne jurisprudence.

A cet effet il cite le savant D'ARGENTRÉ, qui posait en règle que la force du titre rendait susceptibles d'usucapion même les servitudes discontinues. *Sed et discontinuas quoque vis tituli præscriptibiles reddit, cum evenit titulum a non domino haberi, etc.* [1] Il invoque encore le principe de quelques coutumes qui admettaient la prescriptibilité des servitudes, même discontinues, avec titre et bonne foi. [2]

Il dit enfin qu'on peut raisonner comme dans l'ancienne jurisprudence, et conclure que ces servitudes peuvent s'établir par la possession, lorsqu'il y a un titre. [3]

Mais qu'il nous soit permis de le dire, cette opinion nous semble contraire à l'esprit comme au texte de l'article 690 et 691 du Code civil combinés.

En effet, l'article 691, en disposant que ces servitudes ne peuvent s'acquérir que par titre, prend évidemment cette expression dans le sens qu'y attache l'article 690. Or ce dernier article met sur la même ligne et le titre et la possession trentenaire, comme deux moyens distincts d'acquérir les servitudes continues et apparentes; il suppose donc nécessairement un titre consenti par le propriétaire du fonds servant, et qui soit capable à lui seul de les établir.

---

1 Sur l'article 271 de la Coutume de Bretagne.
2 Article 186 de la Coutume de Paris.
3 Voyez dans le sens de TOULLIER, MALLEVILLE (sur l'article 691), qui regarde l'opinion contraire comme insoutenable. — Voyez encore Arrêt de la Cour de cassation du 24 juillet 1810.

3.° Que la possession immémoriale ne suffit point pour les établir. Elle ne pourrait point remplacer le titre exigé en pareil cas.

La possession immémoriale est celle dont le souvenir n'existe point, *cujus memoria non exstat*. C'est celle dont aucun homme vivant n'a vu ni su le commencement, pas même par ouï dire, *cum omnium hæc est opinio, nec audisse nec vidisse* (*L.* 28. *D. de probationibus*, 22, 3).

Toutefois le principe ci-dessus posé ne peut point rétroagir, ni porter aucune atteinte aux servitudes discontinues ou non apparentes déjà acquises par prescription, avant la promulgation du Code civil, dans les contrées où ces servitudes pouvaient s'acquérir de cette manière. L'article 691 est d'accord avec le principe consacré par l'article 2 du Code civil, qui porte que la loi ne dispose que pour l'avenir, et qu'elle n'a point d'effet rétroactif.

Il faut bien remarquer ces expressions de l'article 691 : *déjà acquises par la possession;* il a donc fallu, ou il faut prouver que le droit était acquis avant la promulgation du Code civil, pour que les servitudes de cette nature aient été ou soient inattaquables. La possession commencée mais non achevée a été interrompue, et la prescription est devenue impossible.

La preuve du droit acquis, c'est-à-dire de l'accomplissement de l'usucapion avant l'introduction du Code civil, devient de jour en jour plus difficile à établir. Aussi, pour ne pas la laisser dépérir, le propriétaire du fonds dominant doit demander un acte récognitif de l'existence de la servitude, et en cas de refus, intenter l'action en déclaration de servitude, ou action confessoire.

4.° Il n'y a que les servitudes continues et apparentes que l'on puisse étendre par usucapion.

Ainsi le propriétaire du fonds en faveur duquel existe une servitude qui n'a pu être établie que par titre, ne peut acquérir par prescription un mode d'exercice plus avantageux ou plus étendu.

Si, par exemple, n'ayant que le droit de passer à pied, mais non à cheval, sur le champ de mon voisin, je passe à cheval pendant l'espace de trente ans, je n'aurai pas acquis par prescription cette augmentation de la servitude, parce qu'il s'agit ici d'une servitude discontinue.

Si, au contraire, j'ai le droit d'ouvrir une croisée sur le fonds de mon voisin, et que j'en ouvre deux pendant l'espace de trente ans, j'aurai usucapé l'augmentation de mon droit primitif.

Il nous reste maintenant à voir comment s'acquiert la possession des servitudes de cette nature.

La possession des servitudes continues et apparentes s'acquiert par l'établissement des travaux nécessaires à leur exercice. Elle devient utile, c'est-à-dire qu'elle fait commencer la prescription à compter du moment où les ouvrages ont été achevés, et se continue pendant tout le temps que ces ouvrages existent dans l'état duquel résulte la servitude, et sans qu'il soit besoin ultérieurement du fait actuel de l'homme.

Ainsi il faut d'abord un fait actuel de l'homme pour acquérir la possession des servitudes de cette nature; mais il n'est pas nécessaire pour la continuer; et, comme dit très-bien D'ARGENTRÉ [1], *signum retinet signatum*, le signe vaut la chose signifiée.

Ainsi, par exemple, s'il s'agit d'une servitude de conduite d'eau, la possession commence aussitôt que l'aqueduc est terminé, et se continue même après que les eaux ont tari, ou même avant qu'elles n'aient commencé à couler.

S'il s'agit d'une servitude d'égout, la possession commence le jour où le toit de la maison étant achevé, l'eau des gouttières peut tomber sur l'héritage servant, quoiqu'elle n'y ait pas encore tombée, parce qu'il n'est pas encore tombé de pluie depuis que le toit est achevé.

Ajoutons enfin qu'il importe peu que les travaux dont il s'agit aient été établis sur le fonds servant ou sur le fonds dominant. Il

---

1 *In art.* 271 , *Vet. Cons.*

est encore indifférent qu'ils l'aient été par le propriétaire du fonds dominant ou par un tiers, et que celui-ci ait eu ou non l'intention d'agir dans l'intérêt du fonds dominant.

§. 2.

Du temps requis pour l'usucapion des servitudes.

Le laps de temps requis pour l'usucapion de la propriété est de dix ou vingt ans, ou bien de trente ans. La prescription de dix ans entre présents, et de vingt ans entre absents, s'opère lorsqu'on possède de bonne foi et qu'on a un juste titre.

Le laps de temps requis pour l'usucapion des servitudes est celui de trente ans. En d'autres termes, la prescription trentenaire est la seule qui soit admise en matière de servitudes.

Comme on le voit, l'usucapion des servitudes est régie par quelques règles spéciales; ainsi l'article 2265 ne lui est pas applicable, car, d'une part, l'article 2264 porte, que les règles de la prescription sur d'autres objets que ceux mentionnés au titre de la prescription sont expliquées dans les titres qui leur sont propres, et d'autre part, les art. 690 et suivants règlent tout ce qui a rapport à l'établissement des servitudes. Or ces articles ne font nullement mention de la prescription de dix et vingt ans, comme moyen d'acquérir une servitude. Bien plus, les articles 690 et 691 combinés excluent évidemment cette espèce d'usucapion. L'article 690 porte en effet que les servitudes continues et apparentes s'acquièrent par titre ou par la possession de trente ans. Et comme le disent avec beaucoup de raison les savants professeurs, MM. Aubry et Rau [1] : « Si le législateur n'avait « pas eu la pensée de proscrire en cette matière l'usucapion par dix « à vingt ans, il se serait borné à dire, dans cet article, que *les* « *servitudes continues et apparentes s'acquièrent par titre ou par* « *prescription.* »

---

1 Cours de Droit civil français, §. 251.

La prescription de dix à vingt ans n'est donc pas utile pour consolider les servitudes, acquises avec juste titre et bonne foi, de personnes qui n'étaient pas propriétaires des fonds sur lesquels elles ont été établies.

Cette question, qui est très-ardue et non moins importante, est traitée par beaucoup d'auteurs, notamment par Toullier, par M. Duranton et M. Delvincourt; ces deux derniers sont d'une opinion contraire à celle que nous avons émise.

Pour soutenir l'opinion contraire, on se fonde sur ce que la prescription de dix à vingt ans était applicable aux servitudes sous l'empire de la Coutume de Paris, conformément à l'article 113; mais cette objection a peu de force, si l'on considère que toutes les Coutumes générales et locales ont été abolies par la loi du 30 ventôse an XII. On peut tirer encore un argument de la disposition de l'article 2265 du Code civil, qui porte que celui qui acquiert de bonne foi et par juste titre *un immeuble*, en prescrit la propriété par dix à vingt ans. Or, dit-on, le terme d'immeuble embrasse les servitudes ou services fonciers; donc l'usucapion de dix à vingt ans doit s'appliquer aux servitudes. Mais nous répondons que l'article 690, qui est tout spécial à la matière de l'usucapion des servitudes, déroge à l'article 2265 : *in toto jure generi per speciem derogatur*. Du reste, l'article 2265 ne parle que de la prescription de la propriété, et ce serait l'étendre, que de l'appliquer en matière d'usucapion des servitudes. Or, *qui dicit de uno, negat de altero, inclusio unius est exclusio alterius*.

C'est avec raison que la loi a établi une différence entre la prescription des servitudes et celle de la propriété. En effet, la prescription de la propriété suppose une jouissance pleine et entière de la part de celui au profit duquel elle court, et, par conséquent, privation absolue de jouissance de la part de celui contre lequel elle court, et, ce dernier, ayant gardé silence pendant dix ou vingt ans, peut être considéré, soit comme ayant renoncé à un droit préexistant, soit comme ayant reconnu le droit d'autrui.

En fait de servitudes il en est différemment : l'exercice des servitudes n'est dû souvent qu'à la faveur que nécessitent les rapports de bon voisinage, sans le moindre préjudice réel pour le propriétaire du fonds tolérant, qui peut dès lors ne pas avoir actuellement d'intérêt à s'opposer à leur exercice.

Section II.

De l'étendue de l'usucapion en matière de servitudes.

La prescription, étant fondée sur la possession, n'acquiert au possesseur que ce qu'il a possédé et rien au delà, conformément à la règle de Droit : *tantum præscriptum, quantum possessum.* En d'autres termes, la possession est la cause, la prescription est l'effet de la possession ; or l'effet ne peut avoir plus d'étendue que sa cause. C'est ce que d'Argentré exprime très-bien, en disant[1] : « *Tantum de jure « alieno præscriptio detrahet, quantum possederit... Ita ut si juris « quod prætenditur species sint diversæ, id tantum consecuturus sit « quod per ejusdem speciei actus possederit, nec quidquam amplius... « Idque verum est sive de rebus corporalibus præscribendis agatur, « sive de in corporalibus, sive juribus, sive servitutibus.* »

D'ailleurs, la prescription trentenaire a été introduite bien moins en faveur de celui qui prescrit, qu'en haine de la négligence du père de famille qui laisse dépérir ses droits (*Odio negligentiæ non favore præscribentis.*) Il s'ensuit, que la possession qui dépouille le propriétaire de ses droits ou d'une partie de ses droits, doit être resserrée dans ses limites les plus étroites.

---

1 *In art.* 271, *in verbo* Droicture et seigneurie.

CHAPITRE III.

De l'établissement des servitudes par la destination du père de famille.

SECTION PREMIÈRE.

Notion et conditions essentielles de la destination du père de famille.

Un ancien auteur[1] définit ainsi la destination du père de famille :
« La destination du père de famille est la disposition et la con-
« struction qu'il a faite, pour rendre l'une des deux maisons contiguës
« qu'il possède, ou l'une des deux parties de la maison serve de l'autre;
« cette disposition devient servitude, sitôt que les deux maisons com-
« mencent à être possédées par deux différents propriétaires. »

Cette définition nous paraît trop restreinte. En effet, elle ne
s'applique qu'aux héritages urbains et non aux héritages ruraux.

Quoiqu'il soit difficile de bien définir en Droit : *omnis in jure
definitio periculosa,* nous allons néanmoins essayer de donner aussi
une définition de la destination du père de famille.

La destination du père de famille est l'acte par lequel le propriétaire de deux fonds manifeste, au moyen de quelque ouvrage extérieur,
l'intention d'établir sur l'un une charge au profit de l'autre, dans le
cas où ces deux héritages viendraient à appartenir à des propriétaires différents.

D'après cette définition et le texte de l'article 6g3 du Code civil,
on voit que trois conditions sont essentielles pour qu'il y ait destination du père de famille; il faut :

1.° Que les deux héritages actuellement divisés aient appartenu
au même propriétaire.

---

1 Principes de la jurisprudence française, par PRÉVÔT DE LA JANNÈS; tome I, page
219, n.° 281.

www.ingramcontent.com/pod-product-compliance
Lightning Source LLC
Chambersburg PA
CBHW070723210326
41520CB00016B/4438